Fischer Fritzes frische Fische

Rezepte von der Waterkant

Illustriert von Julia Beutling

Carl Schünemann Verlag

Rezepte mit der Kochmütze
werden empfohlen vom
SEEFISCHKOCHSTUDIO BREMERHAVEN.

Inhalt

Vorspeisen 6

Suppen 20

Hauptgerichte 34

Beifang – Fröhliche Fischfakten 118

Register 124

Alle Rezepte mit Mengenangaben für 4 Personen.

Vorspeisen

Miesmuscheln im Speckmantel

 1 kg Miesmuscheln
100 ml Weißwein
12 Scheiben Speck
Öl
Salz & Pfeffer

- Miesmuscheln unter fließendem Wasser waschen, abtropfen lassen. Bereits geöffnete Muscheln aussortieren und nicht verwenden.
- Einen großen Topf erhitzen, die Muscheln hineingeben und mit Weißwein ablöschen. Bei geschlossenem Deckel etwa 5 Minuten garen, zwischendurch rühren oder am Topf rütteln. Muscheln abtropfen (ggf. für den Kartoffelsalat den Sud auffangen und im Topf etwas einkochen). Fleisch aus den geöffneten Schalen lösen, nicht geöffnete Muscheln aussortieren und nicht verwenden.
- Jeweils 3–4 Muscheln in einer halben Scheibe Speck stramm einwickeln, mit Zahnstochern feststecken.
- Die Spieße in reichlich Öl braten.

Dazu passt ein Kartoffelsalat aus Pellkartoffeln mit Olivenöl, Weißweinessig und etwas Muschelsud, nach Geschmack auch vermengt mit etwas Rucola und abgeschmeckt mit Salz und Pfeffer.

Krabbensalat mit Radieschen

400 g Krabben
1 Bund Dill
1 Bund Radieschen
3 Schalotten
3 EL Zitronensaft
3 EL Öl
Zucker
Salz & Pfeffer

- Dill putzen und hacken. Schalotten pellen und fein würfeln, mit dem Dill vermengen.
- Zitronensaft, Salz, Pfeffer und Zucker verrühren und über die Schalotten geben. Öl und Krabben dazugeben, vermengen und etwas ziehen lassen.
- Radieschen waschen und in Scheiben schneiden.
- Die Radieschen leicht salzen, auf den Krabbensalat streuen oder sie mit diesem vermengen.

Dazu passt ein kräftiges Schwarzbrot.

Rauchmatjes-Spieße

8 Rauchmatjesfilets
Zwiebelbrot
2 EL Öl
1 Gartengurke
8 Radieschen mit frischem Grün
1 Bund Brunnenkresse
250 g griechischer Sahnejoghurt
1 Zitrone
Salz & Pfeffer

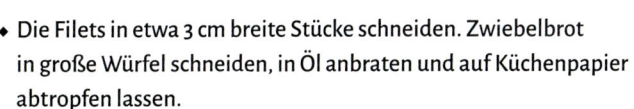

- Die Filets in etwa 3 cm breite Stücke schneiden. Zwiebelbrot in große Würfel schneiden, in Öl anbraten und auf Küchenpapier abtropfen lassen.
- Gurke in dünne Scheiben hobeln. Radieschen mit Blättern waschen, Blätter abtrennen und Radieschen halbieren.
- Brunnenkresse abzupfen und Blätter waschen. Mit Joghurt, etwas Zitronensaft, Salz und Pfeffer vermengen und fein pürieren.
- Abwechselnd Matjes, Brotwürfel, Gurke, Radieschenblätter und Radieschen auf die Spieße stecken, mit der Kresse-Creme servieren.

Krabben angemacht in Öl und Essig

250 g vorgegarte Krabben
0,5 Salatgurke
0,5 Bund Radieschen
0,5 Bund Dill
50 g Meerrettichwurzel
2 EL Weißweinessig
4 EL Gemüsebrühe
2 EL Rapsöl
Zucker
Salz & Pfeffer

- Krabbenfleisch abwaschen und gut abtropfen. Gurke schälen, längs aufschneiden und entkernen, Gurke fein würfeln. Radieschen putzen und fein würfeln. Dill waschen, trocknen und hacken. Meerrettichwurzel schälen und fein raspeln.
- Gurke, Radieschen, Dill und Meerrettich vermengen, Krabben hinzufügen.
- Gemüsebrühe, Essig, und Öl zu einer Vinaigrette verrühren, mit Salz, Pfeffer und einer Prise Zucker würzen. Über die übrigen Zutaten geben und vermengen.

Dazu passt ein Weißbrot. Wenn es ein sättigendes Essen sein soll, können die Krabben mit Kartoffeln serviert werden.

Makrelencreme auf rustikalem Brot

300 g Makrelenfilet (geräuchert)
4 Frühlingszwiebeln
8 Radieschen
1 Bund Dill
300 g Frischkäse
50 ml Milch
2 EL Meerrettich
Salz & Pfeffer
Rustikales Brot

- Frühlingszwiebeln putzen und dünne Ringe schneiden, einen Teil der grünen Ringe beiseitelegen. Radieschen putzen und fein würfeln. Dill waschen, trocknen und fein hacken.
- Frischkäse mit der Milch verrühren. Dill, das Gemüse und den Meerrettich zugeben und alles vermengen.
- Makrelenfilet von der Haut nehmen und entgräten, mit einer Gabel zerrupfen und unter die Frischkäsecreme geben. Mit Salz und Pfeffer abschmecken.
- Brot in Scheiben schneiden und nach Geschmack toasten. Mit der Creme bestreichen und die beiseitegestellten Frühlingszwiebeln darüberstreuen.

Heilbutt-Terrine mit Shrimps im Räucherlachsmantel

200 g geräucherter Heilbutt
200 g geräucherter Wildlachs (in Scheiben)
100 g Shrimps
70 ml Fischfond
1,5 Blatt Gelatine
1 EL Wermut
70 ml Sahne
Salz & weißer Pfeffer

- Gelatine in etwas kaltem Wasser einweichen. Fischfond auf etwa 40 °C erwärmen, die gut ausgedrückte Gelatine darin auflösen.
- Form für die Terrine mit Wasser ausspülen, abtropfen lassen (nicht abtrocknen) und mit Frischhaltefolie auslegen, dann leicht überlappend die Lachsscheiben auf der Frischhaltefolie verteilen.
- Heilbutt im Mixer mit dem Wermut pürieren, die aufgelöste Gelatine unterziehen. Sahne sehr steif schlagen und unterheben, mit Salz und Pfeffer abschmecken. Shrimps abtropfen, abtupfen und unter die Masse heben. Masse in die Terrine geben, glatt streichen und auch oben Lachsscheiben auflegen. Die Terrine in der Frischhaltefolie einschlagen. Für mindestens 5 Stunden in den Kühlschrank geben.
- Folie öffnen und die Terrine auf eine Platte stürzen, Folie entfernen.

Suppen

Muschelsuppe

1 kg Miesmuscheln
1 Zwiebel
1 Bund Suppengrün
200 ml Weißwein
800 ml Fischfond
200 g Sahne
2 Eigelb
Speisestärke
Butter
Dill
Salz & Pfeffer

- Miesmuscheln unter fließendem Wasser waschen, abtropfen lassen. Bereits geöffnete Muscheln aussortieren und nicht verwenden.
- Zwiebel pellen, Suppengrün putzen, beides fein würfeln und in einem großen Topf in 3 EL zerlassener Butter andünsten. Muscheln zugeben und mit Weißwein ablöschen. Fischfond zugeben und mit etwas Pfeffer würzen. Etwa 5 Minuten kochen lassen, bis die Muscheln sich öffnen. Nicht geöffnete Muscheln aussortieren und nicht verwenden.
- Die Muscheln aus dem Sud nehmen und aus den Schalen lösen. Den Sud durch ein Sieb geben und 10 Minuten köcheln lassen, mit Salz und Pfeffer abschmecken.
- Eier trennen und Eigelb mit 1 EL Speisestärke und Sahne verrühren. Salz zugeben und mit dem Sud mischen.
- Dill waschen, trocknen und hacken, etwa 2 EL zusammen mit den Muscheln in die Suppe geben, die Suppe kurz erhitzen, aber nicht mehr kochen.

Grünkohlsuppe mit Räucheraal und Kartoffeln

500 g Grünkohl
400 g Kartoffeln
400 g geräucherter Aal
2 Zwiebeln
750 ml Gemüsebrühe
300 ml Milch
1 Becher Schlagsahne
Mehl
gekörnte Gemüsebrühe
Salz & Pfeffer

- Kartoffeln schälen und 20 Minuten kochen.
- Grünkohl waschen, ggf. die Mittelrippe entfernen und Grünkohl in Streifen schneiden. Zwiebeln pellen und fein würfeln, in etwas Öl andünsten. Grünkohl zugeben und kurz andünsten, dann mit der Gemüsebrühe ablöschen. Zugedeckt bei niedriger Hitze etwa 60 Minuten köcheln lassen, anschließend grob pürieren.
- Etwas Milch mit 2 TL Mehl verrühren, unter Rühren zur Suppe geben und diese leicht binden. Restliche Milch und Sahne zugeben, mit Salz, Pfeffer und etwas gekörnter Gemüsebrühe abschmecken.
- Aal etwas kleinrupfen. Suppe in die Teller verteilen, Kartoffelwürfel und Aal zugeben und servieren.

Bierschaumsüppchen mit Gurke und Fisch

400 g Fischfilet (z. B. Seelachs)
3 Salatgurken
2 Schalotten
1 l Fischfond
550 ml Sahne
1 Flasche Pils
Butter
Muskatnuss
Curry
Salz

- Gurken waschen und würfeln. Schalotten pellen, würfeln und in etwas Butter andünsten, Gurkenstücke zugeben und glasig garen. Mit dem Fischfond und 225 ml Sahne ablöschen.
- Die Suppe 15 Minuten köcheln lassen, dann salzen und pürieren.
- Fischfilet säubern und in mundgerechte Stücke schneiden. Die Suppe nochmals aufkochen und den Fisch unterrühren, Suppe ziehen lassen.
- Die restlichen 225 ml Sahne steif schlagen und locker unter die Suppe heben. Bier zugeben, die Suppe aber nicht mehr kochen lassen. Mit Muskat und Curry abschmecken.
- Vor dem Servieren mit Dill und Gurkenwürfeln garnieren.

Aalsuppe

400 g küchenfertiger Aal
2 Zwiebeln
200 g Schlagsahne
40 g Butter
60 g Mehl
2 EL Zitronensaft
50 g Speck

4 Stiele Petersilie
1 Bund Dill
1 Salbeizweig
12 Pfefferkörner
6 Wacholderbeeren
3 Lorbeerblätter
Salz & Pfeffer

- Den Aal in mundgerechte Stücke schneiden.
- Zwiebeln pellen und fein würfeln, mit Petersilie, 2 Dillstängeln, Salbei, Pfefferkörnern, Wacholderbeeren und Lorbeerblättern in 2 l Wasser geben, aufkochen und 20 Minuten zugedeckt köcheln lassen.
- Aalstücke in den Sud geben und weitere 20 Minuten ziehen lassen. Aal aus dem Sud herausnehmen, die Gräten lösen und Aalstücke in Streifen schneiden.
- Butter in einem Topf aufschäumen, Mehl einrühren und anschwitzen, 1 l des Aalsuds und Sahne zugeben. Unter gelegentlichem Rühren 15 Minuten köcheln lassen.
- Restlichen Dill waschen, trocken, abzupfen und klein schneiden, zur Suppe geben, mit Salz, Pfeffer und Zitronensaft abschmecken.
- Den Speck in Streifen schneiden und leicht andünsten.
- Die Aalstücke zur Suppe geben und kurz erwärmen, vor dem Servieren Speckstreifen darübergeben.

Bremerhavener Fischsuppe von 1933

750 g Fischfilet (z. B. Rotbarsch)
100 g Muschelfleisch
50 g Krabbenfleisch
1,5 l Gemüsebrühe
1 Zwiebel
1 Bund Suppengrün
1 Knoblauchzehe
2 Eigelb
60 ml Sahne
0,5 Bund Petersilie
0,5 Bund Dill
Olivenöl
Kurkuma
Cayennepfeffer

- Knoblauch pellen und zerdrücken. Das Gemüse putzen, in feine Streifen schneiden und mit dem Knoblauch in etwas Olivenöl andünsten. Mit der Gemüsebrühe auffüllen, etwa eine Messerspitze Kurkuma und Cayennepfeffer zugeben.
- Fischfilet in Stücke schneiden und mit Muscheln und Krabben in die Brühe geben. Bei schwacher Hitze etwa 5 Minuten gar ziehen lassen.
- Die Sahne mit dem Eigelb verrühren und die Suppe damit legieren (nicht mehr kochen lassen!).
- Mit Petersilie und Dill bestreuen und servieren.

Büsumer Fischsuppe

500 g Fischfilet (z. B. Rotbarsch)
1 l Gemüsebrühe
250 g Möhren
250 g Kartoffeln
250 g Champignons
150 g Krabben
2 Zwiebeln
1 Zitrone
1 Lorbeerblatt
0,5 TL Thymian
125 g Crème fraîche
Dill

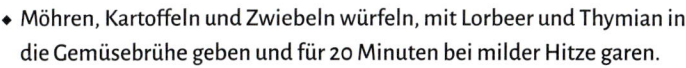

- Möhren, Kartoffeln und Zwiebeln würfeln, mit Lorbeer und Thymian in die Gemüsebrühe geben und für 20 Minuten bei milder Hitze garen.
- Derweil Fisch säubern und in mundgerechte Stücke schneiden, salzen und mit etwas Zitronensaft beträufeln. Champignons putzen und in Scheiben schneiden, 10 Minuten vor Ende der Garzeit ebenfalls in die Brühe geben.
- Die Krabben zur Brühe geben. Die restliche Zitrone auspressen und mit der Crème fraîche unterrühren. Die Suppe abschmecken und vor dem Servieren mit Dill bestreuen.

Hauptgerichte

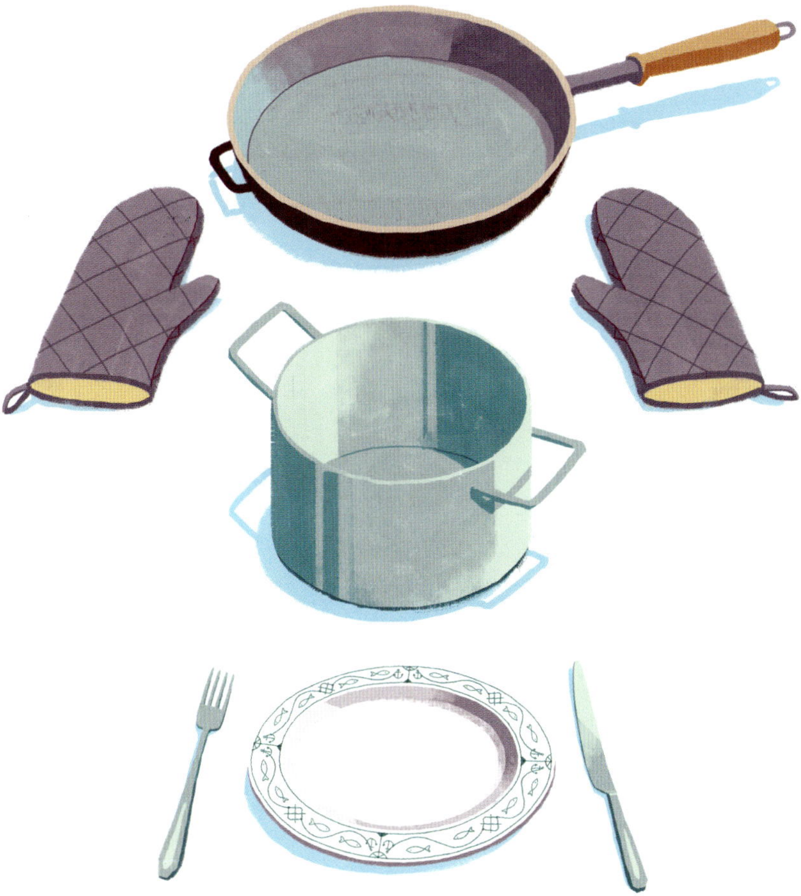

Krabbenrührei mit Schwarzbrot

Schwarzbrot
400 g vorgegarte Krabben
8 Eier
Schnittlauch
Butter
Salz & Pfeffer

- Krabben waschen und abtropfen. Schnittlauch waschen, trocknen und in Röllchen schneiden. Eier verquirlen und mit Salz und Pfeffer würzen.
- In einer Pfanne Butter erhitzen und die Eier hineingeben, unter Rühren bei mittlerer Hitze etwa 10 Minuten stocken lassen.
- Brote nach Geschmack mit Butter bestreichen und auf Tellern anrichten, Rührei daraufgeben und mit Krabben sowie dem Schnittlauch bestreuen.

Lachs-Gurken-Pfanne

2 Salatgurken
2 kleine Zwiebeln
300 ml Schlagsahne
500 ml Gemüsebrühe
6 TL körniger Senf
700 g Wildlachsfilet
4 TL Mehl
0,5 Bund glatte Petersilie
etwas Zitronensaft
Öl
Salz & Pfeffer

- Gurken schälen, längs aufschneiden und entkernen, in etwa 1,5 cm breite Stücke schneiden. Zwiebeln fein würfeln, in etwas Öl in einer Pfanne andünsten. Gurken dazugeben und für 2 Minuten braten. Mehl darübergeben und kurz mitbraten.
- Schlagsahne, Gemüsebrühe und Senf dazugeben und 8 Minuten bei mittlerer Hitze zugedeckt schmoren lassen.
- Lachsfilet in Würfel schneiden und zu den Gurken geben, 8 Minuten weiterschmoren. Derweil die Petersilie waschen, trocknen und fein hacken.
- Mit Salz, Pfeffer und Zitronensaft abschmecken und Petersilie vor dem Servieren unterheben.

Matjes nach Hausfrauenart

8 Matjesfilets
2 Zwiebeln
2 Äpfel
2 Bund Dill
200 g Schmand
200 g saure Sahne
6 EL Schlagsahne
2 EL Weißweinessig
Zitronensaft
2 TL Zucker
Salz & Pfeffer

- Zwiebeln halbieren und in feine Streifen schneiden. Äpfel schälen, vierteln und in feine Scheiben schneiden, mit etwa 2 EL Zitronensaft mischen.
- Matjesfilets in etwa 2 cm große Stücke schneiden. Dill waschen, trocknen und hacken.
- Schmand, saure Sahne, Schlagsahne und Weißweinessig verrühren. Mit Salz, Pfeffer und Zucker würzen. Zwiebel, Apfel, Matjes und Dill untermengen, für mindestens 3 Stunden im Kühlschrank ziehen lassen.
- Danach noch einmal abschmecken.

Dazu passen Pellkartoffeln.

Matjessalat

500 g Matjesfilet
4 EL Zitronensaft
2 EL Honig
6 EL Öl
2 Römersalatherzen
1 Salatgurke
2 Äpfel
8 Stiele Dill
Salz & Pfeffer

- Zitronensaft, Honig, Öl und 2 EL Wasser kräftig verrühren, Salz und Pfeffer zugeben.
- Salat putzen und grob schneiden. Gurke schälen, Apfel vierteln und entkernen, beides in dünne Scheiben hobeln. Dill waschen, trocknen und hacken. Matjesfilet in 2 cm breite Streifen schneiden. Alles vorsichtig unter die Soße mischen und etwas ziehen lassen.

Dazu passen Pellkartoffeln oder Brot.

Roter Heringssalat

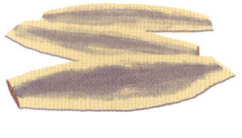

4 Heringsfilets
1,5 Äpfel
4 Eier
350 g Rote Bete
1,5 Zwiebeln
Gewürzgurken
150 g Schmand
150 g saure Sahne
150 g Naturjoghurt
Zucker

- Rote Bete etwa 30 Minuten kochen, dann schälen und würfeln.
- Eier hart kochen, abkühlen lassen, pellen und würfeln. Äpfel schälen, entkernen und würfeln. Zwiebeln pellen und würfeln. Gewürzgurken (Menge nach Belieben) würfeln. Fischfilets säubern, abtupfen und in mundgerechte Stücke schneiden.
- Alle Zutaten in eine Schüssel geben und vermischen. Schmand, saure Sahne und Joghurt unterrühren. Mit Zucker abschmecken.

Dazu passen Pellkartoffeln oder Brot.

Bremer

500 g Fischfilet (z. B. Seelachs)
1 Zwiebel
Petersilie
1 Ei
1 EL Paniermehl
4 Brötchen
4 Blätter Eisbergsalat
4 Cornichons
Ketchup
Remoulade
Röstzwiebeln
Öl
Salz & Senf

- Fischfilet säubern, zerteilen und mit dem Pürierstab zerkleinern. Fischmasse, Zwiebel, Ei und Paniermehl vermengen, mit Salz, Senf und Petersilie nach Geschmack würzen und gut durchkneten.
- Die Masse zu Frikadellen formen und mit reichlich Öl in einer Pfanne goldbraun braten.
- Cornichons in Scheiben schneiden. Brötchen aufschneiden. Eine Brötchenhälfte mit Ketchup, die andere mit Remoulade bestreichen. Untere Brötchenhälfte mit jeweils einem Blatt Salat, einigen Cornichon-Scheiben und Röstzwiebeln belegen. Die heiße Fischfrikadelle darauflegen und die obere Brötchenhälfte oben auflegen.

Aalfrikassee

1 kg frischer Aal
2 Zwiebeln
1 l Brühe
1 TL Mehl
200 g Champignons
Essig
Butter
etwas Mehl
Muskatnuss
Zitronensaft
Salz

- Aal häuten und in Stücke schneiden. Mit etwas Essig beträufeln, salzen und etwa eine Stunde ruhen lassen. Abspülen und trocken tupfen.
- Zwiebeln in 1 EL Butter anbraten, Aal dazugeben. Mit 1 l Brühe ablöschen, gar kochen und aus der Brühe nehmen.
- Champignons putzen, in Scheiben schneiden und in der Brühe kochen.
- Aus 1 EL Butter und 1 EL Mehl eine Schwitze herstellen, damit die Aalbrühe andicken. Mit Muskatnuss, Zitronensaft und Pfeffer abschmecken. Champignons und Aalstücke dazugeben und noch kurz ziehen lassen.

Dazu passt Reis.

Pannfisch

1 kg Fischfilet (z. B. Lengfisch)
750 g Kartoffeln
1 Zwiebel
2 Lorbeerblätter
1 EL Pfefferkörner
3 EL Essig
3 EL Senf
100 g Butter
80 g Butterschmalz
1 Bund Petersilie
Salz & Pfeffer

- Kartoffeln ungeschält 20 Minuten kochen.
- Zwiebel pellen und grob würfeln.
- 1 l gesalzenes Wasser mit Lorbeerblättern, Pfefferkörnern, Essig und Zwiebel zum Kochen bringen. Fisch zugeben und etwa 10 Minuten garen lassen. Fisch herausnehmen und in Stücke schneiden, den Sud erkalten lassen.
- Kartoffeln pellen und in Scheiben schneiden, in 30 Gramm Butter und dem Butterschmalz anbraten, mit Salz und Pfeffer würzen. Dann den Fisch zugeben.
- 0,5 l des Suds mit dem Senf verrühren und zum Kochen bringen. Mit der restlichen Butter binden, dabei immer rühren. Diese Soße über den Fisch geben und bei geringer Hitze 10 Minuten ziehen lassen.
- Petersilie waschen, trocknen und hacken, vor dem Servieren über das Essen geben.

Matjes
mit grünen Bohnen

500 g grüne Bohnen
4 Doppelmatjesfilets
60 g gewürfelter Speck
1 Bund Bohnenkraut
1 Bund Petersilie
1 kleine Zwiebel
Butter
Muskatnuss
Salz & Pfeffer

- Bohnen putzen, in kleine Stücke schneiden. Mit Bohnenkraut und etwas Salz in Wasser geben. Aufkochen und etwa 15 Minuten gar kochen. Abtropfen lassen.
- Speck in 1 EL Butter anbraten. Bohnen zum Speck geben und vermengen. Mit Salz, Pfeffer und Muskat abschmecken.
- Petersilie waschen, trocknen, kleinzupfen und zu den Bohnen geben.
- Zwiebel schälen und in Ringe schneiden. Matjes auf dem Teller mit den Zwiebelringen belegen, die Bohnen dazu anrichten.

Dazu passen Pellkartoffeln.

Schellfisch in Senfsoße

 800 g Schellfisch
150 g Butter
100 g Senf
2 Eigelb
150 g Joghurt
 1 Zitrone
Zucker
Salz & Pfeffer

- Die Hälfte der Butter in einem Topf erhitzen. Senf und Eigelb einrühren und bei geringer Hitze eindicken. Das Ei darf dabei nicht gerinnen. Joghurt einrühren, mit einer Prise Zucker sowie Salz und Pfeffer nach Geschmack würzen.
- Fisch waschen und abtupfen. Mit Zitronensaft beträufeln, salzen und pfeffern. Restliche Butter in einer Pfanne zerlassen und den Fisch darin von beiden Seiten anbraten.
- Fisch mit der Soße auf einem Teller anrichten.

Dazu passen Kartoffeln.

Kräuter-Kabeljau

800 g Kabeljaufilet
2 Knoblauchzehen
300 g Crème fraîche
400 g Tomaten
2 TL gemischte Kräuter
etwas Öl
Salz & Pfeffer

- Knoblauch pellen und pressen. Mit Crème fraîche und Kräutern verrühren, salzen und pfeffern.
- Tomaten putzen und in Scheiben schneiden.
- Fischfilet mit Küchenpapier abtupfen, in 3 Stücke schneiden, Fisch salzen und pfeffern.
- Auflaufform fetten und die Kräutercreme hineingeben. Abwechselnd Tomatenscheiben und Fischstücke darin schichten. Bei 200 °C etwa 20 Minuten garen.

Dazu passt Reis.

Kartoffel-Lauch-Gratin mit Kabeljau

500 g Kabeljaufilet
700 g Kartoffeln
600 g Lauch
100 g Weißbrot
4 Stiele Dill

250 g Schmand
3 EL geriebener Meerrettich
Butter
1 EL Zitronensaft
Salz & Pfeffer

- Kartoffeln ungeschält 20 Minuten kochen, dann pellen und die abgekühlten Kartoffeln in Scheiben schneiden.
- Lauch putzen und in breite Scheiben schneiden. In etwas Butter in einer Pfanne bei mittlerer Hitze 10 Minuten garen. Mit Salz und Pfeffer würzen.
- Die Rinde vom Weißbrot trennen, das Brot zerbröseln. Dill waschen, trocknen, abzupfen und hacken. Etwas Butter zerlassen und mit Dill und Brot vermengen, mit Salz und Pfeffer würzen.
- Den Kabeljau von Gräten befreien und in 3 cm dicke Stücke schneiden. Mit Zitronensaft und Salz würzen.
- Schmand mit Meerrettich verrühren und mit Salz und Pfeffer würzen.
- Eine Auflaufform mit etwas Butter ausstreichen und den Meerrettichschmand darin verteilen. Kartoffeln, Lauch und Kabeljau abwechselnd daraufgeben, zum Schluss mit den Brotbröseln bestreuen. Einige Butterflocken daraufgeben. Bei 200 °C für 30 Minuten in den Ofen geben.

Finkenwerder Scholle

1 kg Kartoffeln
4 küchenfertige Schollen
4 Zwiebeln
150 g geräucherter Speck
1 Bund Petersilie
Zitronensaft
Mehl
Butter
Salz & Pfeffer

- Kartoffeln schälen und 20 Minuten kochen.
- Derweil Zwiebeln pellen und fein würfeln. Speck fein würfeln, in einer Pfanne langsam auslassen, dann die Zwiebelwürfel zugeben und braun braten. Speck-Zwiebel-Mischung aus der Pfanne nehmen, das Fett vom Speck darin belassen, ggf. das Fett auf zwei Pfannen aufteilen.
- Schollen waschen und abtupfen. Mit Zitronensaft beträufeln, mit Salz und Pfeffer würzen, in etwas Mehl wenden.
- 4 EL Butter in die Pfanne geben und erhitzen. Die Schollen zuerst auf der weißen Seite etwa 4 Minuten goldbraun braten, wenden und weitere 4 Minuten braten. Etwas Speckmischung zu jeder Scholle geben und kurz erhitzen.
- Petersilie waschen, trocknen und hacken. Mit etwa 8 EL Butter zu den gekochten und abgegossenen Kartoffeln geben, alles vorsichtig vermengen. Alles zusammen anrichten und servieren.

Seezunge an Weißwein-Zitronensoße

8 Seezungen
1 kg grüner Spargel
8 festkochende Kartoffeln
40 g Butter
100 ml Weißwein
100 ml Sahne
100 ml Gemüsebrühe
oder Fischfond
2 EL Crème fraîche

2 Schalotten
2 unbehandelte Zitronen
Mehl
Zucker
Öl
Salz & (weißer) Pfeffer
nach Belieben:
Kräuter für die Garnitur

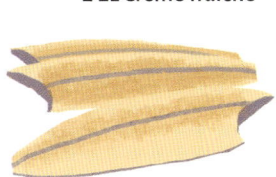

- Kartoffeln ungeschält 20 Minuten kochen, abgießen und auskühlen lassen. Dann pellen, in Spalten schneiden und in Öl braten.
- Spargel putzen und holzige Enden abschneiden. In Salzwasser mit etwas Zucker und Zitronensaft etwa 15 Minuten gar kochen.
- Schalotten pellen und fein würfeln, in etwas Öl glasig anbraten. Weißwein zugeben und etwas reduzieren. Brühe, Sahne und Crème fraîche unterrühren, mit Salz und Pfeffer würzen. Bei mittlerer Hitze einköcheln lassen.
- Etwas Zitronenschale abreiben, dann Zitronen pressen. Mit Schale und Saft, Salz und Pfeffer abschmecken.

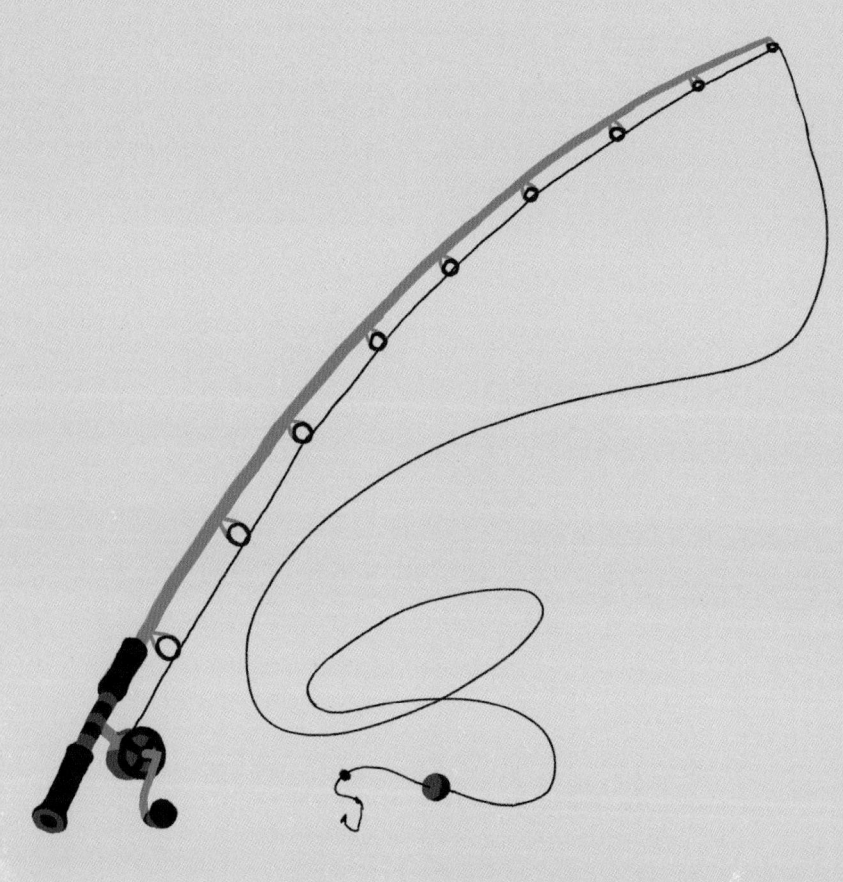

Fischlabskaus

1 kg Kartoffeln
700 g Fischfilet (z. B. Seelachs)
2 Zwiebeln
2 TL Sardellenpaste
1 TL mittelscharfer Senf
2 Gewürzgurken
100 g Butter
Salz & Pfeffer

- Kartoffeln schälen und etwa 20 Minuten kochen. Fischfilet säubern und kurz in etwas Salzwasser garen.
- Die Kartoffeln stampfen, den Fisch mit einer Gabel zerteilen und mit dem Kartoffelbrei vermengen.
- Zwiebeln pellen, würfeln und in der Butter anbraten, dann mit Sardellenpaste und Senf zu der Kartoffelmasse geben. Mit Salz und Pfeffer würzen.
- Vor dem Servieren Gewürzgurken in Scheiben schneiden und auf das Fischlabskaus geben.

In Zitronenöl gegarter Kabeljau auf buntem Graupenrisotto

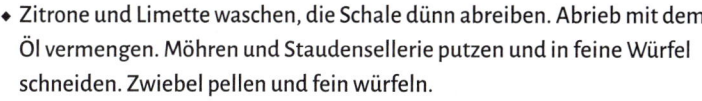

600 g Kabeljaufilet
300 ml Rapsöl
100 g Möhren
100 g Staudensellerie
1 kleine Zwiebel
0,5 Packung Graupen (mittel)
100 g Parmesankäse

100 ml Gemüsebrühe
1 unbehandelte Zitrone
1 unbehandelte Limette
Kurkuma
Salz & Zitronenpfeffer
nach Belieben:
1 Schälchen Shiso-Kresse

- Zitrone und Limette waschen, die Schale dünn abreiben. Abrieb mit dem Öl vermengen. Möhren und Staudensellerie putzen und in feine Würfel schneiden. Zwiebel pellen und fein würfeln.
- Graupen in Salzwasser mit etwas Kurkuma kochen, anschließend mit kaltem Wasser abspülen.
- Fisch in 4 Portionen teilen und salzen. Zitronenöl in einer Pfanne erhitzen, Fischfilets hineingeben, zugedeckt bei milder Hitze etwa 25 Minuten garen.
- Zwiebel- und Gemüsewürfel in etwas Öl andünsten, Graupen zugeben, mit etwas Gemüsebrühe angießen. Parmesan hobeln und unterheben. Das Graupenrisotto unter Rühren etwas einkochen.
- Risotto auf Teller geben. Kabeljaufilets aus dem Öl nehmen, kurz abtropfen lassen, dann auf das Risotto geben. Nach Belieben mit Shiso-Kresse garnieren und servieren.

Gebratener Kabeljau mit Spargel-Curry

800 g Kabeljaufilet
300 g weißer Spargel
300 g grüner Spargel
2 EL Mango-Chutney
1 Orange
1 Limette
30 g Curry
150 ml Kokosmilch
100 g Schmand
2 Tassen Reis
1 Zwiebel
Salz & Pfeffer

- Weißen Spargel schälen, den grünen Spargel nur unten schälen, holzige Enden abschneiden, beides in Stücke schneiden.
- Zwiebel pellen, fein würfeln und in einem Topf andünsten. Reis und 4 Tassen Wasser zugeben, mit Salz und Pfeffer würzen.
- Die Orange auspressen. Den Spargel anbraten, mit Salz, Pfeffer und Curry würzen, mit Kokosmilch und Orangensaft ablöschen. Das Mango-Chutney und etwas Schmand zugeben. Nach Geschmack noch mit etwas Limettensaft würzen.
- Fisch in Stücke schneiden, mit Salz und Pfeffer würzen, von beiden Seiten mit Mehl bestäuben und kross braten.
- Alles zusammen auf einem Teller anrichten und servieren.

Bremerhavener Würzfisch von 1950

800 g Rotbarschfilet
1 Glas Champignons
100 g Butter
1 Eigelb
125 ml Sahne
2 l Fleischbrühe
Mehl

Kurkuma
Cayennepfeffer
Ingwer
Worcestersoße
Tabasco
Salz

- Rotbarschfilet säubern, würfeln und schwach salzen. In der Fleischbrühe etwa 10 Minuten garen, auf ein Sieb geben und abkühlen lassen.
- Pilze abtropfen lassen. Butter in einem Topf zerlassen, Pilze, je eine Messerspitze Kurkuma und Cayennepfeffer sowie etwas geriebenen Ingwer zugeben und leicht garen. Etwas Mehl dazugeben und durchrühren.
- Mit der Fleischbrühe ablöschen und aufkochen lassen, Eigelb mit der Sahne mischen und unter die Soße rühren (diese nicht mehr kochen lassen). Mit Worcestersoße und einigen Spritzern Tabasco nachwürzen und die abgekühlten Fischstücke in die heiße Soße geben.

Dazu passt Curryreis.

Gedünstete Schollenfiletröllchen mit Gemüsefüllung

600 g Schollenfilet
200 g Gemüse
(z. B. Möhren und Gurke)
1 Zwiebel
100 ml Weißwein
100 ml Fischfond

200 ml Sahne
Butter
Mehl
Zitronensaft
Zitronenpfeffer
Salz & Pfeffer

- Schollenfilet mit Salz und Zitronenpfeffer würzen.
- Gemüse putzen und in Streifen schneiden, auf das Schollenfilet geben und die Scholle vom schmalen zum breiten Teil aufrollen.
- Zwiebel pellen, fein würfeln und in einer Pfanne in etwas Butter andünsten. Die Schollenröllchen zugeben und kurz andünsten. Mit Weißwein ablöschen, dann Sahne und Milch zugeben. Etwa 10 Minuten köcheln lassen.
- Derweil aus 25 g Butter und 25 g Mehl eine Mehlschwitze bereiten. Die Schollenröllchen aus dem Sud nehmen und warmstellen, mit dem Sud die Mehlschwitze ablöschen und etwas einkochen. Mit Salz, Zitronensaft, Butter und etwas Pfeffer abschmecken.

Dazu passt roter Wildreis. Diesen nach Anleitung kochen.
Einen Gemüsebrühwürfel in etwas Butter andünsten,
den Reis zugeben und darin schwenken. Mit etwas
Salz und Pfeffer abschmecken.

Graved Lachs mit Honig-Senf-Soße und frischem Dill

2 Lachsseiten
40 g Meersalz
25 g Zucker
2 EL scharfer Senf
2 EL süßer Senf

Crème Fraîche
Sahnemeerrettich
1 TL Honig
frischer Dill
Salz & Pfeffer

- Meersalz und Zucker mit etwas Pfeffer vermengen. Lachs mit der Hautseite auf ein großes Stück Alufolie legen. Dill (ruhig mit Stängel) schneiden und großzügig auf den Lachs geben. Anschließend die Salzmischung zum Marinieren auf ein Filet geben, das andere darauflegen. Fest in der Alufolie einschlagen, 48 Stunden im Kühlschrank marinieren lassen (am besten von oben etwas beschweren), nach 24 Stunden die Filets einmal wenden.
- Zum Servieren den Fisch von der entstandenen Lake befreien und schräg in dünne Scheiben schneiden.
- Scharfen und süßen Senf, Salz, Honig, etwas Sahnemeerrettich und Crème Fraîche verrühren und mit frischem Dill abschmecken. Soße zum Lachs servieren.

Das Rezept kann leicht nach Belieben variiert werden, zum Beispiel indem der Dill mit Kümmel oder Whiskey gemischt und aromatisiert wird. Statt Dill kann auch Minze verwendet werden, kombiniert mit Rohrzucker und Limette (sowie nach Geschmack Cachaça) ergibt sich ein exotischer Geschmack.

Kabeljauloin unter einer Honig-Mohn-Senfhaube

 800 g Kabeljauloin
2 EL Honig-Mohn-Senf
200 g körniger Frischkäse
Salz & Zitronenpfeffer

- Körnigen Frischkäse mit Honig-Mohn-Senf vermengen und mit etwas Salz und Zitronenpfeffer abschmecken.
- Die Kabeljauloins mit Salz und Zitronenpfeffer würzen, auf ein Backblech mit Backpapier geben und mit der Honig-Mohn-Senfmasse bestreichen. Bei 200 °C für 7 Minuten im Ofen backen.

Dazu passen Reis oder Kartoffeln und ein frischer Salat.

Feiner Matjesburger
(2 Burger pro Person)

8 Burgerbrötchen
400 g Kräutermatjesfilet
2 Eier
80 g Paniermehl
1 rote Zwiebel
1 Rote Bete
100 ml Himbeeressig
50 ml Honig
8 Scheiben Bacon

200 ml Schmand
2 EL Senf
1 Bund Rucola
Kräuter nach Geschmack
Salz & Zitronenpfeffer

- Matjesfilet fein würfeln. Zwiebel pellen und in feine Würfel schneiden. Kräuter waschen und fein hacken. Alle Zutaten vermengen, mit Salz und Zitronenpfeffer würzen. Die Masse zu Burger-Patties formen und braten.
- Rote Bete schälen und in 8 Scheiben schneiden. Himbeeressig und Honig in einer Pfanne erwärmen. Darin die Rote-Bete-Scheiben bissfest garen.
- Speckscheiben kross braten und auf ein Küchenpapier legen.
- Schmand und Senf vermengen, mit Salz und Zitronenpfeffer abschmecken.
- Burgerbrötchen halbieren und auf der Innenfläche kurz anbraten, dann mit dem Senf-Schmand bestreichen. Die untere Hälfte mit Speck, Roter Bete, Rucola und dem Burger-Pattie belegen, mit der oberen Burgerbrötchenhälfte abdecken.

Dazu passen Süßkartoffelpommes und ein Dip aus 100 g Speck, 400 ml Schmand, 1 Bund glatter Petersilie und etwas Senf, abgeschmeckt mit etwas Salz und Pfeffer. Alle Zutaten vermengen und zum Burger servieren.

Seelachsfilet an Rahmwirsing mit Pastinaken-Kartoffel-Püree

600 g Seelachsfilet
300 g Kartoffeln
300 g Pastinaken
1 Wirsing
200 ml Sahne
100 ml Milch
50 g Speck

1 Zwiebel
Mehl
Öl
Butter
Dill
Salz & Zitronenpfeffer

- Kartoffeln und Pastinaken schälen und würfeln, 20 Minuten in Salzwasser kochen, anschließend mit Milch, 100 ml Sahne und etwas Butter zu einem Püree verarbeiten.
- Derweil Wirsing putzen und in feine Streifen schneiden. Zwiebel pellen und in feine Würfel schneiden.
- Speck in einer Pfanne auslassen, Zwiebel und Wirsing zugeben und anschwitzen. Mit der restlichen Sahne ablöschen und einkochen.
- Den Fisch in Stücke schneiden und mit Salz und Zitronenpfeffer würzen. In etwas Mehl wenden und in Öl braten.
- Alles auf einem Teller anrichten, nach Belieben mit gehackten Kräutern garnieren.

Fischfrikadellen

500 g Fischfilet (z. B. Seelachs)
100 g Schalotten
0,5 Bund glatte Petersilie
2 Brötchen (vom Vortag)
2 Eier
etwas Butter oder Öl
1 TL Fischgewürz
Cayennepfeffer
Salz & Pfeffer

- Brötchen in kaltem Wasser einweichen. Schalotten pellen und in feine Würfel schneiden. Petersilie waschen, trocknen und fein hacken.
- Schalotten in Butter glasig andünsten, Petersilie zugeben, dann abkühlen lassen.
- Fischfilet fein pürieren.
- Brötchen gut ausdrücken, mit Fisch und Schalotten vermengen. Eier trennen, zwei Eigelb und ein Eiweiß zugeben. Mit Fischgewürz, etwas Cayennepfeffer, Salz und Pfeffer würzen. Zu einem glatten Teig rühren und daraus Frikadellen formen. Die Frikadellen in etwas Öl oder Butter von beiden Seiten goldbraun braten.

Dazu passt ein frischer Salat.

Salbei-Heilbutt mit Rote-Bete-Salat

700 g Rote Bete
600 g Heilbuttfilet mit Haut
1 Bund Salbei
1 Limette
150 g Crème fraîche
1 Bund Schnittlauch

1 rote Zwiebel
Balsamico Creme
40g Pinienkerne
Olivenöl
Butter
Salz & Pfeffer

- Rote Bete schälen und in grobe Scheiben schneiden. Auf ein Backblech geben, leicht salzen und im Backofen bei 200 °C im Backofen etwa 20 Minuten garen, abkühlen lassen.
- Schnittlauch waschen, trocknen und schneiden. Zwiebel pellen und fein würfeln. Beides mit etwas Olivenöl und Balsamico Creme sowie der Roten Beete vermengen, mit Salz und Pfeffer würzen.
- Crème fraîche mit etwas Salz und etwas Limettensaft vermengen.
- Salbei waschen und Blätter abzupfen.
- Heilbuttfilet in 4 Portionen teilen, auf der Hautseite einritzen und mit Limettensaft, Salz und Pfeffer einreiben und in einer Pfanne auf der Hautseite kross anbraten, dann wenden und die Salbeiblätter mit etwa Salz zugeben. 1 Minute durchschwenken, vom Herd nehmen und noch etwas Butter in die Pfanne geben. Limettensaft über den Fisch träufeln.
- Pinienkerne ohne Fett in einer Pfanne rösten.
- Die angemachte Rote Bete auf die Teller verteilen, Heilbuttfilet und Salbeiblätter dazugeben und die geschmolzene Butter darüber- sowie die Crème-fraîche-Mischung dazugeben. Mit Pinienkernen bestreuen.

Überbackenes Kabeljaufilet

800 g Kabeljaufilet
1,5 kg Lauch
6 EL Öl
40 g Butter
400 g Frischkäse
6 EL Milch
gemischte Kräuter
(2 Bund oder 1 Packung TK)
Zitronensaft
Paprikapulver
Salz & Pfeffer

- Kabeljaufilets mit Zitronensaft beträufeln und salzen.
- Lauch putzen und in feine Ringe schneiden. Etwas Öl in einer Pfanne erhitzen, Lauch darin etwa 5 Minuten dünsten, dann in eine mit Butter gefettete Auflaufform geben. Fischfilets daraufgeben, ein wenig Wasser zugeben.
- Frischkäse und Milch verrühren, fein gehackte Kräuter unterrühren und mit Zitronensaft, Paprikapulver, Salz und Pfeffer abschmecken. Die Masse über die Fischfilets geben. Bei 200 °C für etwa 35 Minuten in den Backofen geben.

Dazu passen Kartoffeln.

Sommerlachs mit Rhabarber und grünem Spargel

800 g Wildlachsfilet
300 g Rhabarber
1 Bund grüner Spargel
Meersalz
3 EL Olivenöl
2 EL Agavendicksaft
Pfeffer
Pflanzenöl zum Braten
1 unbehandelte Zitrone
1 rote Chili
1 Bund Bärlauch

- Spargel putzen und holzige Enden abschneiden. Für 2 Minuten in etwas Salzwasser kochen, dann abschrecken. Rhabarber putzen, schälen und in etwa 15 Zentimeter lange Stücke schneiden. Spargel und Rhabarber in eine Auflaufform geben. Olivenöl und Agavendicksaft darübergeben, mit Salz und Pfeffer würzen, vermengen. Bei 180 °C für etwa 8 Minuten im Backofen garen.
- Zitronenschale abreiben. Chili entkernen und in feine Ringe schneiden. Bärlauch waschen, trocknen und kleinschneiden.
- Lachsfilet mit Salz und Pfeffer würzen und bei starker Hitze in etwas Öl kurz anbraten, dann zu Spargel und Rhabarber in die Auflaufform geben. Mit Zitronenschale, Chili und Bärlauch bestreuen. Dann für 2–4 weitere Minuten in den Backofen geben (je nach gewünschter Garstufe des Fischs).

Dazu passen Frühkartoffeln.

Geräucherter Heilbutt mit Spargel-Risotto

300–350 g geräucherter Heilbutt
600 ml Spargelfond (wenn vorhanden, ansonsten Gemüsebrühe)
500 g Spargel
1 Zwiebel
200 g Risottoreis
100 ml Weißwein
200 g TK-Erbsen
50 g Butter
50 g Parmesan
2 EL Kapern
Olivenöl
Salz & Pfeffer
nach Belieben Erbsensprossen

- Spargelfond kurz aufkochen und danach leicht köcheln lassen, alternativ Gemüsebrühe.
- Kapern abspülen und gut abtropfen. Spargel schälen, ggf. holzige Enden abschneiden, dann in mundgerechte Stücke schneiden. Zwiebel pellen und würfeln, in etwas Olivenöl andünsten. Reis und Spargel zugeben, ebenfalls kurz andünsten, dann mit Weißwein ablöschen und mit Salz und Pfeffer würzen.
- Nach und nach den köchelnden Spargelfond unter den Reis rühren. 15 Minuten bei milder Hitze köcheln lassen.
- Erbsen in das Risotto geben und etwa 5 Minuten mitköcheln. Butter unterrühren, Parmesan reiben und zugeben. Mit Salz und Pfeffer abschmecken.
- Die Kapern in etwas heißem Olivenöl für 1–2 Minuten frittieren.
- Heilbutt ggf. von Haut und Gräten befreien, in mundgerechte Stücke teilen und auf das Risotto geben, vor dem Servieren mit Kapern und nach Belieben mit Erbsensprossen bestreuen.

Schellfisch auf Frühlingsgemüse

600 g Schellfischfilet
500 g Kartoffeln
150 g Zuckerschoten
2 Frühlingszwiebeln
4 Mairübchen

250 g grüner Spargel
300 g Butter
1 unbehandelte Zitrone
4 Eigelb
100 ml Weißwein

Thymian
Worcestersoße
1 Limette
Meersalz & Pfeffer
2 Bärlauchblätter

- Kartoffeln schälen und 20 Minuten kochen. Derweil Zuckerschoten, Frühlingszwiebeln, Mairüben und Spargel putzen bzw. schälen, in 1–2 cm große Stücke schneiden und mit Salz und Pfeffer würzen. Schellfisch in vier Portionen teilen.
- Das Gemüse auf vier große Stücke Alufolie verteilen. Etwas Butter, eine Scheibe Zitrone und etwas Thymian zugeben, den Fisch darauf verteilen. Alufolie umschlagen, die Ecken fest miteinander verdrehen. Bei 160 °C für 12 Minuten im Backofen garen.
- Restliche Butter in einem Topf schmelzen lassen und aufkochen, bis sich Fett und Eiweiß trennen. Das Eigelb mit Weißwein, etwas Zitronensaft, Salz und Pfeffer im Wasserbad schaumig aufschlagen, nach und nach unter ständigem Rühren klare Butter zugeben, bis die Soße leicht cremig ist. Die restliche Butter beiseitestellen, die weißen Teile der Butter nicht verwenden. Die Soße mit Worcestersoße, Limettensaft und etwas -schale abschmecken.
- Die übriggebliebene Butter im Topf erneut erhitzen, bis sie leicht gebräunt ist. Kartoffeln abgießen und stampfen. Flüssige Butter zugeben, würzen.
- Gemüse, Fisch, Kartoffelpüree und Soße auf einem Teller anrichten, nach Belieben mit fein geschnittenem Bärlauch servieren.

Scholle und Spargel an Bärlauchsoße

600 g Schollenfilet
1 kg Spargel
150 ml trockener Weißwein
1 Bund Bärlauch
4 EL Crème fraîche
Butter
Zitronensaft
Zucker
Salz & weißer Pfeffer

- Schollenfilet mit etwa 1 EL Zitronensaft beträufeln.
- Spargel schälen, ggf. holzige Enden abschneiden. Salzwasser mit Zucker und Butter in einem großen Topf zum Kochen bringen, Spargel zugeben und etwa 15–20 Minuten kochen.
- Schollenfilet mit Salz und Pfeffer würzen, dann aufrollen. Weißwein zum Kochen bringen und die Schollenrolle(n) darin bei schwacher Hitze etwa 8 Minuten garen. Danach herausnehmen und warm halten.
- Bärlauch mit 4 EL des Spargelsuds pürieren, zum Wein geben, Crème fraîche zugeben und einrühren. Etwas einkochen lassen, mit 1 EL Zitronensaft, Salz und Pfeffer abschmecken.
- Alles auf einem Teller anrichten.

Dazu passen Pellkartoffeln.

Lachs auf Rote-Bete-Risotto

400 g Wildlachs mit Haut
2 Schalotten
300 g Risottoreis
200 ml Weißwein
800 ml Gemüsebrühe
200 ml Rote-Bete-Saft
400 g grüner Spargel

200 g vorgekochte Rote Bete
100 g Parmesan
Olivenöl
Butter
Kresse
Dill
Meersalz & Pfeffer

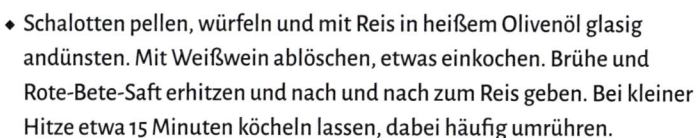

- Schalotten pellen, würfeln und mit Reis in heißem Olivenöl glasig andünsten. Mit Weißwein ablöschen, etwas einkochen. Brühe und Rote-Bete-Saft erhitzen und nach und nach zum Reis geben. Bei kleiner Hitze etwa 15 Minuten köcheln lassen, dabei häufig umrühren.
- Rote Bete würfeln und Parmesan reiben, mit etwas Butter unter das Risotto rühren, mit Salz und Pfeffer abschmecken, dann vom Herd nehmen.
- Spargel putzen und holzige Enden abschneiden, in kochendem Salzwasser 8 Minuten garen, mit kaltem Wasser abschrecken.
- Lachs in heißem Öl bei mittlerer Hitze etwa 6 Minuten braten, zunächst auf der Hautseite, dann wenden und weitere 4 Minuten braten. Spargel in die Pfanne geben und kurz mitbraten.
- Alles zusammen anrichten, vor dem Servieren nach Belieben mit Kresse und Dill bestreuen.

Überbackene Miesmuscheln

1 kg Miesmuscheln
2 Knoblauchzehen
4 Lorbeerblätter
1 rote Zwiebel
1 Karotte
1 Stange Staudensellerie

3 EL Paniermehl
4 EL Pecorino
1 Bund Schnittlauch
Butter
Olivenöl
Salz & Pfeffer

- Miesmuscheln unter fließendem Wasser waschen, abtropfen lassen. Bereits geöffnete Muscheln aussortieren und nicht verwenden.
- Knoblauch pellen und hacken, mit Lorbeerblättern in einem Topf in etwas Olivenöl andünsten. Muscheln zugeben und bei geschlossenem Deckel etwa 5 Minuten garen, zwischendurch rühren oder am Topf rütteln. Muscheln abtropfen, Fleisch aus den geöffneten Schalen lösen, nicht geöffnete Muscheln aussortieren und nicht verwenden. Schalen aufbewahren.
- Zwiebel pellen, Karotte schälen, Sellerie putzen, alles fein würfeln und in etwas Olivenöl dünsten. Pecorino reiben und mit Paniermehl sowie etwas Butter zum Gemüse geben. Schnittlauch waschen, trocknen, schneiden und ebenfalls zugeben, mit Salz und Pfeffer abschmecken.
- Eine Muschel in jede Schale setzen und die Gemüsemasse darübergeben. In einer Auflaufform oder auf einem Backblech bei 200 °C (am besten Oberhitze) etwa 10 Minuten im Backofen goldbraun gratinieren.

Kabeljau mit Kräuterkruste

800 g Kabeljaufilet
6 Scheiben Toastbrot
1,5 Bund Petersilie
2 Knoblauchzehen
Butter
etwas körniger Senf
Salz & Pfeffer

- Die Rinde des Toastbrots entfernen, den Rest grob würfeln. Petersilie putzen, Knoblauch pellen, beides grob hacken und dann zusammen mit dem Toastbrot in einer Küchenmaschine fein zerkleinern.
- Eine Auflaufform fetten, Kabeljaufilet hineingeben, mit Salz und Pfeffer würzen und mit etwa 2 EL Senf bestreichen. Die Kräuterbrösel auf dem Fisch verteilen, etwas Butter daraufgeben. Bei 180 °C für etwa 8 Minuten in den Backofen geben (am besten Umluft mit Grillfunktion und unteren Einschub wählen).

Dazu passt ein frischer Blattsalat.

Lachsforelle unter einer Salzkruste

2 kg Lachsforelle
3 kg Salz
3 Eiweiß
Gemüse nach Belieben
(z. B. Möhren, Frühlingszwiebeln und Staudensellerie)
Kräuter nach Belieben
Zitrone

- Lachsforelle unter fließendem kalten Wasser abspülen und abtupfen.
- Gemüse putzen und schneiden, die Forelle nach Belieben mit Gemüse, Kräutern und Zitrone füllen.
- Salz mit dem Eiweiß und 250 ml Wasser zu einer cremigen Masse vermengen. Einen Teil der Masse auf ein mit Backpapier belegtes Backblech geben, Lachsforelle darauflegen und mit der restlichen Masse bedecken. Bei 200 °C für etwa 40 Minuten backen.
- Vorsichtig aus dem Ofen nehmen, auf eine Servierplatte geben und zum Servieren an einer Seite die Salzkruste aufklopfen.

Rotbarschfilet unter Kräuter-Cracker-Kruste

50 g gehackte Kräuter
(glatte Petersilie, Dill)
100 g Cracker
800 g Rotbarschfilet
400 g Schwarzwurzeln
2 Zwiebeln

Butter
150 ml Schlagsahne
800 g Kartoffeln
Weißweinessig
Mehl
1 Eigelb

Salz und Pfeffer
Zitronenpfeffer
Rapsöl
2 EL Schnittlauchröllchen

- 3 EL Weißweinessig, 1 EL Mehl und 1 l Wasser verrühren. 400 g Schwarzwurzeln schälen und waschen, dann in etwa 1 cm dicke Stücke schneiden, Enden an beiden Seiten abschneiden. Die Stücke für einen Moment in das Essigwasser geben, anschließend gut abtropfen.
- 1 Zwiebel pellen und würfeln, in etwas Butter und 1 EL Öl glasig dünsten. Schwarzwurzeln zugeben und 3 Minuten mitdünsten, mit Salz und Pfeffer würzen. 150 ml Schlagsahne zugeben, kurz aufkochen und bei milder Hitze 20–25 Min. köcheln lassen
- Kartoffeln schälen, 1 Zwiebel pellen, beides grob reiben. Eigelb unterrühren, mit Salz und Pfeffer würzen. Öl in einer Pfanne erhitzen, bei mittlerer Hitze kleine Portionen der Kartoffelmasse darin braten.
- Kräuter waschen und trocknen, mit den Crackern in einem Mixer pürieren.
- Rotbarsch portionieren, mit Salz und Zitronenpfeffer würzen und in der Kräuter-Cracker-Masse wenden. Dann bei mittlerer Hitze in etwas Öl braten.
- Fisch mit Röstis und Schwarzwurzelrahm auf einen Teller geben, den Schnittlauch über den Fisch streuen und servieren.

Aal grün in Petersiliensoße

800 g Aal
2–3 Petersilienwurzeln
2 Zwiebeln
1 Bund Petersilie
1 Lorbeerblatt
5 Pimentkörner

5 Pfefferkörner
Zitronensaft
Butter
Mehl
Zucker
Salz

- Aal in etwa 5 cm lange Stücke schneiden. Petersilienwurzeln schälen, Zwiebeln pellen.
- 1,25 l Wasser zum Kochen bringen, Petersilienwurzeln, Zwiebeln und die Gewürze hineingeben und alles ordentlich salzen. Für 20 Minuten köcheln lassen.
- Anschließend Aalstücke in die Brühe geben und für etwa 15–20 Minuten garen, dann entnehmen und beiseitelegen.
- Gemüse und Gewürze mit einem Sieb aus dem Fischfond nehmen.
- Etwas Butter zerlassen und mit Mehl eine Mehlschwitze herstellen, nach und nach Fischfond zugeben und unterrühren, bis eine sämige Soße entsteht. Nach Geschmack mit etwas Zitronensaft abschmecken.
- Petersilie waschen, trocknen und hacken. Mit dem Aal in die Soße geben, kurz erwärmen und dann servieren.

Dazu passen Kartoffeln und ein Gurkensalat.

Backfisch mit Kartoffelsalat

Für den Kartoffelsalat:
1 kg Kartoffeln
1/2 Salatgurke
1 Zwiebel
200 ml Brühe
2 TL Senf
4 EL Weißweinessig
1 Prise Zucker
6 EL Rapsöl
Salz & Pfeffer
nach Belieben:
Petersilie

Für den Backfisch:
800 g Rotbarschfilet
150 g Mehl
30 g Speisestärke
2 Eigelb
180 ml Bier
1 EL flüssige Butter
Zitronensaft
Salz & Pfeffer
1 l Pflanzenöl zum Frittieren

- Für den Salat Kartoffeln ungeschält 20 Minuten kochen. Zwiebel pellen und fein würfeln, in die heiße Brühe geben. Mit Senf, Essig, Zucker, Salz und etwas Pfeffer würzen. Zum Schluss Öl unterquirlen. Kartoffeln abgießen, pellen und in Scheiben schneiden, mit der Marinade vermengen.
- Gurke schälen, längs aufschneiden und entkernen, in dicke Scheiben schneiden und unter den Salat mengen. Etwas ziehen lassen.
- Für den Backfisch die Eier trennen. Mehl und Speisestärke sieben und mit den Eigelb, dem Bier und etwas Salz verrühren. Etwas Butter zerlassen, zugeben und den Teig für 30 Minuten ruhen lassen. Dann Eiweiß mit einer Prise Salz steifschlagen und unter den Teig heben.
- In einem großen Topf Frittieröl erhitzen. Fischfilet säubern, trocknen und mit Zitronensaft, Salz und Pfeffer würzen, dann durch den Ausbackteig ziehen. Im Fett nacheinander 8 Minuten goldgelb backen, zum Abtropfen kurz auf etwas Küchenrolle geben. Dann mit Kartoffelsalat auf Teller geben und nach Belieben mit etwas gehackter Petersilie bestreuen.

Gebratene Stinte in Kräuterbutter

32 küchenfertige Stinte
3 EL gemischte Kräuter
Zitronensaft
Olivenöl
Butter
Butterschmalz
Mehl
Salz & Pfeffer

- 2 EL Butter schmelzen, 2 EL Öl und 3 EL gehackte gemischte Kräuter zugeben, mit Salz und Pfeffer würzen.
- Stinte mit dem Saft einer Zitrone beträufeln, mit der Kräuterbutter einstreichen und in Mehl wenden.
- Etwa 6 EL Butterschmalz in einer Pfanne erhitzen und die Stinte darin auf beiden Seiten für 5 Minuten braten.

Dazu passen Salzkartoffeln.

Dorsch in Senfsoße

600 g Dorschfilet
350 g Möhren
150 g Wildreis
500 g Lauch
500 ml Gemüsebrühe
250 ml Sahne
0,5 Bund Dill

2–3 EL körniger Senf
20 g Mehl
Zitronensaft
Butter
Öl
Salz & Pfeffer

- Möhren schälen und stifteln, Lauch putzen und in feine Ringe schneiden.
- Reis nach Packungsanweisung zubereiten.
- Etwas Butter in einem Topf zerlassen und Mehl darin kurz anschwitzen, nach und nach 250 ml Gemüsebrühe und die Sahne zugeben, verrühren und etwa 5 Minuten bei schwacher Hitze köcheln lassen.
- Körnigen Senf unterrühren und mit Salz und Pfeffer abschmecken.
- Die restliche Gemüsebrühe aufkochen, Möhren und Lauch zugeben und zugedeckt etwa 5 Minuten garen.
- Dill waschen, trocknen, abzupfen und hacken.
- Dorschfilet portionieren, mit etwas Zitronensaft beträufeln, mit Salz und Pfeffer würzen und in etwas Mehl wenden. In einer Pfanne Öl erhitzen und Dorsch darin etwa 4 Minuten braten.
- Zum Servieren das Gemüse auf den Teller geben und den Fisch darauflegen. Mit Senfsoße und Wildreis servieren.

Apfel-Fischauflauf

500 g Fischfilet
(z. B. Rotbarsch)
2 Äpfel
150 g Crème fraîche
2 EL Weißwein
2 EL Mango-Chutney
1 TL Curry
Zucker
Salz

- Fischfilet säubern, abtupfen und salzen, dann in eine gefettete Auflaufform geben.
- Äpfel schälen, entkernen und in Scheiben schneiden, auf den Fisch geben.
- Crème fraîche mit Weißwein, Curry und Mango-Chutney verrühren, mit etwas Salz und Zucker abschmecken. Die Masse auf die Äpfel geben.
- Bei 180 °C für etwa 30 Minuten in den Backofen geben.

Dazu passt Reis.

Junger Dorsch in Bierteig

 700 g Dorschfilet
200 ml Bier
150 g Mehl
Ingwer
Zitronensaft
Butterschmalz
Salz

- Fischfilet säubern, abtupfen, mit Zitronensaft beträufeln und salzen. Kurz ziehen lassen. Anschließend in mittelgroße Stücke schneiden.
- Mehl und Bier verrühren, etwas frisch geriebenen Ingwer zugeben und salzen. Etwa 1 EL Butterschmalz zerlassen und nicht mehr heiß zugeben.
- In einem Topf reichlich Butterschmalz zerlassen.
- Fischstücke in Mehl wenden, dann in den Teig tauchen und im heißen Butterschmalz ausbacken.

Dazu passt ein frischer Salat.

Beifang
Fröhliche Fischfakten

Aal Seite 28

Der in Deutschland meistverkaufte Aal ist der Europäische Aal. Der Aal schlüpft als Larve in der Sargassosee im Westatlantik und wandert dann, von der Strömung getrieben, etwa 2 Jahre lang in die europäischen Binnengewässer. Dabei durchläuft er verschiedene Stadien, vom Rogen über den Glasaal bis schließlich zum Blankaal.
Da der Aal auf der gut 5.000 Kilometer langen Reise zahlreiche (auch menschengemachte) Hürden überwinden muss, ist der Bestand heute leider gefährdet. Dabei ist der Aal von Natur aus sehr widerstands- und anpassungsfähig und kann auf seiner Wanderung sogar kurze Strecken über Land zurücklegen. Die männlichen Aale werden 40 bis 50 Zentimeter lang und mit 6 bis 9 Jahren geschlechtsreif, die mit bis zu einem Meter deutlich längeren Weibchen erst mit 12 bis 15 Jahren. Die meisten Speiseaale stammen heute aus Aquakulturen.

Heilbutt Seite 90

Der Weiße Heilbutt gehört, trotz seines Namens, zur Familie der Schollen und ist der größte Vertreter der Plattfische: Der im Nordatlantik und im Nordostpazifik in Tiefen von bis zu 2.000 Metern lebende Fisch wird bis zu 4 Meter lang und 300 Kilo schwer. Sehr viel kleiner und im Handel häufiger zu bekommen ist jedoch der Schwarze Heilbutt, der bis zu 1,20 Meter lang wird und bis zu 15 Kilogramm wiegt. Dieser Fisch liebt Wassertemperaturen um 0 °C und schwimmt mitunter auch aufrecht, wobei seine Augen dann, wie bei allen Schollen, auf der rechten Seite liegen; Butte dagegen sind stets »linksäugig«. Der Weiße Heilbutt gilt als gefährdete Art und wird oft in – ökologisch bedenklichen – Aquakulturen gezüchtet, aber auch die Bestände des Schwarzen Heilbutts sind niedrig. Er wird ausschließlich wild gefangen, beim Kauf sollte man auf Fänge mit Grundschleppnetzen verzichten.

Hering Seite 44

Der Atlantische Hering ist einer der bedeutendsten Speisefische, besonders in der Fischerei in der Nord- und Ostsee. Lange galt der Hering als Arme-Leute-Essen, er gehörte aber auch zu den Handelsgütern, die die Hanse zu ihrer einstigen Größe brachten.
Der Atlantische Hering lebt in der Nord- und Ostsee sowie im Atlantik in Schwärmen von bis zu einer Million Tieren und

ist als Beutetier zahlreicher Raubfische ein wichtiger Bestandteil des ökologischen Gleichgewichts im Meer.
In Schwärmen weisen Heringe übrigens ein ganz besonderes Sozialverhalten auf: Sie erzeugen Geräusche, indem sie Luft aus der Schwimmblase drücken – sie pupsen quasi. Forscher vermuten, dass die Fische damit kommunizieren, allerdings hat der Atlantische Hering dabei ein etwas geringeres Klangspektrum als sein Verwandter, der Pazifische Hering, der Töne in mehr als drei Oktaven erzeugen kann.

Kabeljau Seite 66

Ob »Gadus morhua« (lateinisch) nun ein Kabeljau oder ein Dorsch ist, hängt entweder vom Alter des Fischs oder von seinem Fanggebiet ab. Als Dorsch bezeichnet man allgemein häufig den noch nicht geschlechtsreifen Kabeljau, in der Ostsee spricht man dagegen ausschließlich von Dorschen.
Der Kabeljau ist ein weit verbreiteter Fisch, der große Temperaturunterschiede und auch verschiedene Salzgehalte verträgt. Allerdings bevorzugen ausgewachsene Kabeljaue kältere Gewässer zwischen 0 °C und 5 °C und wandern teilweise auch in entsprechende Bereiche. Wanderungen von vielen Hundert, zum Teil sogar bis 1.000 Kilometern unternehmen die Fische aber auch zum Laichen oder auf Nahrungssuche.
Obwohl ein Kabeljau-Weibchen, abhängig von der Größe, viele Millionen Eier legen kann (und damit als einer der fruchtbarsten Fische gilt), ist der Bestand durch Überfischung bedroht. Besonders der Ostsee-Dorsch gilt als stark gefährdet. Besser ist es, wenn der Kabeljau aus der Nordostarktis oder dem Nordostatlantik stammt und mit Stell- und Kiemennetzen oder Grundlangleinen gefischt wurde.

Krabben Seite 36

Granat, Porre, Krevette, Knat oder Krabbe: Die Nordseegarnele hat viele Namen und mindestens genauso viele Fans. Die Bezeichnung »Krabbe« ist zoologisch zwar nicht korrekt, aber im Norden weit verbreitet, Krabbenkutter gehören zum typischen Bild (kleinerer) norddeutscher Häfen.
Die Nordseegarnele hat einen schlanken Körper mit zehn Beinpaaren, die unterschiedliche Funktionen haben. Ihre Färbung ist gräulich-braun, das typische Rot erhalten sie erst durch das Kochen, das zumeist noch direkt an Bord der Krabbenkutter mit Meerwasser erfolgt. Gefangen werden Krabben vornehmlich von März bis November. Vor der Verarbeitung müssen die Krabben noch gepult (geschält) werden. Da diese Arbeit ziemlich fummelig ist, werden meist bereits gepulte Krabben verkauft. Früher wurde das Pulen in Heimarbeit erledigt, heute werden die Krabben dafür oft nach Marokko oder

Polen gebracht und dann verzehrfertig zurück in die Länder mit dem höchsten Krabbenkonsum: vor allem Deutschland, Belgien und England.

Lachs Seite 74

Wer Lachs hört, der denkt an raue See und wilde Flüsse in Kanada – doch auch in Deutschland waren Lachse einst heimisch. Seine große Beliebtheit wurde dem außergewöhnlichen Fisch jedoch zum Verhängnis, in den 1950er-Jahren verschwanden die Lachse ganz aus den deutschen Flüssen, auch wenn es heute Wiederansiedlungen gibt und vielfach Fischtreppen gebaut werden, um Flüsse wieder durchgängig zu machen.
Der Lebensraum der Lachse ist in der Tat außergewöhnlich, denn ihre ersten Lebensjahre verbringen sie in Flüssen, wandern dann jedoch ins Meer und schließlich zum Laichen wieder zurück an ihren »Geburtsort«. Da diese Wanderung hindernisreich und beschwerlich ist und die Fische währenddessen kaum Nahrung zu sich nehmen, sterben die meisten Lachse nach dem Laichen.
Aufgrund der großen Nachfrage nach Lachs werden die Fische heute vielfach in Aquakulturen gezüchtet, die jedoch ökologisch umstritten sind. Wer den leckeren Fisch sicher mit gutem Gewissen genießen möchte, sollte beim Kauf daher auf Wildlachs aus zertifizierten Fängen zurückgreifen, empfohlen werden auch Fänge aus Alaska.

Lengfisch

Der Leng, der zusammen mit dem Blauleng und dem Mittelmeerleng die Gattung der Molva bildet, ist ein echter Nordsee-Fan. Der bis zu zwei Meter lange Fisch mit der markanten einzelnen Bartel liebt Schelfmeere mit felsigem Untergrund und findet somit besonders im Skagerrak ideale Bedingungen. Geschmacklich erinnert der Leng etwas an den Dorsch – als Echter Knochenfisch gehört er schließlich auch zur Ordnung der Dorschartigen.

Makrele Seite 16

Die bis zu 60 Zentimeter lange Makrele ist ein sehr beliebter Speisefisch, der sich zum Braten, Grillen, Räuchern und Einlegen eignet. In Deutschland wird die Makrele meist geräuchert angeboten.
Der hübsche Fisch ist mit den Thunfischen verwandt und hat eine unter Fischen eher ungewöhnliche Besonderheit: Die Makrele hat keine Schwimmblase. Dadurch kann sie ohne Druckausgleich schnell die Wassertiefe wechseln, allerdings muss sie auch stetig schwimmen, um Auftrieb zu erzeugen.
Der Fettgehalt der Makrele schwankt je nach Jahreszeit stark. Im Winter halten die Fische sich in tieferen Gewässern auf und nehmen keine Nahrung zu sich,

ab dem Frühsommer steigt ihr Fettgehalt mit der Jagd dann von 3 auf bis zu 30 Prozent.
Beim Kauf von Makrelen sollte – wie bei allen Fischen – unbedingt auf Siegel geachtet werden, die eine nachhaltige Fischerei nachweisen.

Matjes

Zwischen Mitte Mai und Mitte Juni ist es alljährlich endlich wieder so weit: Die Matjessaison beginnt! Etwa zwei Monate lang gibt es den besonders feinen und fetten jungen Hering, dessen Name sich vom niederländischen »Meisje« ableitet, womit ein junges Mädchen bzw. eine »Jungfer« gemeint ist. Denn nur ein noch nicht geschlechtsreifer Hering (mit einem Fettgehalt von mindestens 12 Prozent) kann ein echter Matjes werden. Dafür werden die Fische nach dem Fang bis auf die Bauchspeicheldrüse ausgenommen und mit Salz für eine Woche in einem Holzfass gereift. Dabei erhält der Matjes durch ein Enzym aus der Bauchspeicheldrüse seinen typischen Geschmack.
Anlässlich des Beginns der Matjes-Saison werden zahlreiche Feste veranstaltet, auch wenn durch entsprechende Tiefkühlung die Produktion heute ganzjährig möglich ist. Neben Matjes gibt es auch »Hering nach Matjesart«; bei dieser Zubereitung wird normaler Hering durch Zugabe eines Enzyms künstlich besonders zart gemacht.

Miesmuschel Seite 22

Traditionell sagt man, dass Muscheln nur in Monaten gegessen werden sollten, in denen ein »r« vorkommt, also von September bis April, heutige Kühlmöglichkeiten erlauben allerdings auch sommerlichen Muschelgenuss. Lediglich wer selbst Muscheln sammeln möchte, sollte beachten, dass in den Sommermonaten die Konzentration bestimmter Algengifte sehr hoch sein kann.
Die Miesmuschel lebt bevorzugt in Gezeitengewässern und bildet dort Muschelbänke, auf denen bis zu 2.000 Tiere auf einem Quadratmeter zusammenkommen können. Dort heftet sie sich mit einem speziellen Kleber an, den sie fadenförmig an ihrem Fuß ausscheidet (sogenannte Byssusfäden). Da der Kleber extrem stark ist und die Muschel trotz der starken Strömung auf quasi jeder Oberfläche sicher hält, dient er als Vorbild in der Forschung.
Die meisten Miesmuscheln, die in Deutschland auf den Teller kommen, stammen von deutschen Muschelbänken, es werden aber auch Muscheln aus den Niederlanden, aus Dänemark oder Frankreich importiert. Am besten ist es, wenn die Muscheln aus Hänge- oder Pfahlkulturen stammen, da dabei der Meeresboden als empfindliches Ökosystem nicht angegriffen wird.

Rotbarsch Seite 104

Etwas irreführend ist sein Name schon, denn der Rotbarsch gehört nicht zur Familie der Barsche, sondern lediglich zur Ordnung der Barschartigen. Aber richtig schön rot ist er, der Fisch aus der Familie der Stachelköpfe!
Rotbarsche leben bevorzugt in den nördlichen Gewässern mit Temperaturen von 3 °C bis 8 °C und halten sich dort bodennah in Tiefen zwischen 200 und 1.000 Metern auf. Der im Schwarm lebende Fisch wird erst mit 10 bis 12 Jahren geschlechtsreif und bringt seinen Nachwuchs, für Fische ungewöhnlich, lebend zur Welt. Aufgrund dieser späten Geschlechtsreife und der mit rund 150.000 Larven pro Jahr recht geringen Reproduktionsrate ist der Bestand der Rotbarsche gefährdet. Dabei sind sie gegen natürliche Fressfeinde, getreu des Familiennamens, mit ihren kräftigen Stacheln gut geschützt.
Der Rot-, manchmal auch Goldbarsch genannte Fisch ist jedoch aufgrund seines Geschmacks und der vielfältigen Verarbeitungsmöglichkeiten ein bei Menschen sehr beliebter Speisefisch. Beim Kauf sollte immer auf Siegel für nachhaltige Fischerei geachtet werden. Unter optimalen Bedingungen kann ein Rotbarsch bis zu 60 Jahre alt werden.

Schellfisch Seite 92

Der Schellfisch ähnelt optisch stark dem Kabeljau, hat jedoch – anders als dieser – eine schwarze Seitenlinie und zudem einen schwarzen Fleck über der Brustflosse.
Der bis zu einen Meter lange Fisch gilt als sehr neugierig und friedlich. Er lebt in großen Gruppen, die als Schulen bezeichnet werden, und wandert mitunter weite Strecken, um ihm genehme Wasserbedingungen zu finden.
Der Schellfisch ernährt sich von Krebsen, Würmern und bevorzugt von Muscheln. Dieser Vorliebe verdankt er auch seinen Namen, der sich vom englischen »shell« (Muschel) ableitet.

Scholle Seite 60

Sie ist aus der norddeutschen Küche nicht wegzudenken, nicht nur in Finkenwerder: die Scholle! Der Plattfisch mit den markanten rötlichen Punkten ist zwar auch in der Ostsee, im Nordostatlantik und sogar im Mittelmeer sowie im Schwarzen Meer heimisch, doch besonders wohl fühlt er sich in der Nordsee. Das zeigt auch der seit einigen Jahren stetig wachsende Bestand der Nordsee-Schollen.
Erst wenn die Fische etwa 2 Monate alt sind, wandert das linke Auge auf die rechte Körperseite und die Scholle wird zum allseits beliebten Plattfisch, der sich am liebsten bodennah in kühlem und salzreichem Wasser aufhält.

Übrigens kann eines der Augen nach vorne schauen, während das andere nach hinten guckt. Bei Gefahr gräbt die Scholle sich im Sand ein und hat so dennoch den vollen Ausblick.
Allseits beliebt war und ist auch heute noch die Maischolle, womit die ersten Schollen der Saison gemeint sind. Verständlich, lag doch früher eine schollenlose Winterzeit hinter den fischhungrigen Nordlichtern. Allerdings sind die Fische im Mai noch vom Laichen erschöpft, geschmacklich lohnt es sich daher, noch etwas zu warten: Die im Juli gefangenen Schollen gelten als besonders köstlich.

Seelachs Seite 80

Der Seelachs ist ein beliebter Speisefisch und zudem ein gelungenes Beispiel für eine erfolgreiche Marketing-Strategie. Denn eigentlich ist der Seelachs gar kein Lachs, sondern der zur Familie der Dorsche gehörende Köhler oder auch Kohlfisch; als Alaska-Seelachs bezeichnet man seinen Verwandten, den Pazifischen Pollack.
Als Anfang des 20. Jahrhunderts die Lachse in den europäischen Flüssen seltener wurden, färbte man kurzerhand das weiße Fleisch des Köhlers rot ein und verkaufte diesen auch namentlich als Lachsersatz, als Seelachs eben. Heute ist der im Nordatlantik sowie in der Nord- und zunehmend auch in der Ostsee beheimatete Fisch bei groß und klein beliebt; vielfach wird der Köhler beispielsweise zu Fischstäbchen verarbeitet, vor allem mit abnehmenden Kabeljau-Beständen.

Seezunge Seite 62

Die Seezunge zählt in der Küche zu den besonders feinen Speisefischen und ist daher auch ein teures Vergnügen. Nicht nur Konsistenz und Geschmack machen den Fisch so beliebt, auch die grätenfreie Zubereitung ist selbst für Ungeübte sehr leicht.
Der rechtsäugige Plattfisch lebt eher küstennah auf sandigem Boden in Tiefen bis zu 60 Metern und ist ein nachtaktiver Einzelgänger.
Beim Kauf von Seezunge sollte man auf Fänge mit Baumkurren-Schleppnetzen verzichten, da diese den Meeresboden zerstören.

Stint Seite 110

Klein, aber fein: Das ist der Stint. Der meist nicht einmal 20 Zentimeter lange Fisch wandert alljährlich im Februar und März zum Laichen in die mündungsnahen Gebiete großer Flüsse, wo er mit Netzen leicht gefangen werden kann, wenn die Flüsse recht sauber sind. An diese Tradition erinnern auch einige Straßennamen wie etwa der Stintfang in Hamburg. Heute gilt der Stint, der intensiv nach frischer Gurke riecht, als saisonale kulinarische Besonderheit.

Register

A
Aalfrikassee 49
Aal grün in Petersiliensoße 107
Aalsuppe 29
Apfel-Fischauflauf 115

B
Backfisch mit Kartoffelsalat 109
Bierschaumsüppchen
    mit Gurke und Fisch 27
Bremer 47
Bremerhavener Fischsuppe
    von 1933 31
Bremerhavener Würzfisch
    von 1950 71
Büsumer Fischsuppe 33

D
Dorsch in Senfsoße 113

F
Feiner Matjesburger 79
Finkenwerder Scholle 61
Fischfrikadellen 83
Fischlabskaus 65

G
Gebratene Stinte in
    Kräuterbutter 111
Gebratener Kabeljau mit
    Spargel-Curry 69
Gedünstete Schollenfiletröllchen
    mit Gemüsefüllung 73
Geräucherter Heilbutt
    mit Spargel-Risotto 91
Graved Lachs mit
    Honig-Senf-Soße und
    frischem Dill 75
Grünkohlsuppe mit Räucheraal
    und Kartoffeln 25

H
Heilbutt-Terrine mit Shrimps
    im Räucherlachsmantel 19

I
In Zitronenöl gegarter Kabeljau
    auf buntem Graupenrisotto 67

J
Junger Dorsch in Bierteig 117

K
Kabeljauloin unter einer
    Honig-Mohn-Senfhaube 77
Kabeljau mit Kräuterkruste 101
Kartoffel-Lauch-Gratin
    mit Kabeljau 59
Krabben angemacht
    in Öl und Essig 15
Krabbenrührei mit Schwarzbrot 37
Krabbensalat mit Radieschen 11
Kräuter-Kabeljau 57

L
Lachs auf
    Rote-Bete-Risotto 97
Lachsforelle
    unter einer Salzkruste 103
Lachs-Gurken-Pfanne 39

M
Makrelencreme
    auf rustikalem Brot 17
Matjes mit grünen Bohnen 53
Matjes nach Hausfrauenart 41
Matjessalat 43
Miesmuscheln im Speckmantel 9
Muschelsuppe 23

N
Pannfisch 51

R
Rauchmatjes-Spieße 13
Rotbarschfilet unter
    Kräuter-Cracker-Kruste 105
Roter Heringssalat 45

S
Salbei-Heilbutt mit Rote-Bete-Salat 85
Schellfisch auf Frühlingsgemüse 93
Schellfisch in Senfsoße 55
Scholle und Spargel
    an Bärlauchsoße 95
Seelachsfilet an Rahmwirsing
    mit Pastinaken-Kartoffel-Püree 81
Seezunge an
    Weißwein-Zitronensoße 63
Sommerlachs mit Rhabarber und
    grünem Spargel 89

Ü
Überbackene Miesmuscheln 99
Überbackenes Kabeljaufilet 87

Auf den Geschmack gekommen?

Noch mehr Leckereien mit Julia Beutling:

Bauer Boltes bestes Gemüse
Vegetarische Rezepte für Nordlichter
128 Seiten, Hardcover, € 16,90 [D]
ISBN 978-3-7961-1102-0

Knipp, Kohl & Klaben
Bremer Kult-Rezepte
128 Seiten, Hardcover, € 16,90 [D]
ISBN 978-3-7961-1046-7

In farbgewaltigen Bildern illustriert Julia Beutling die Geschichte vom Fischer und seiner Frau in der plattdeutschen Originalfassung der Brüder Grimm von 1812. Eine außergewöhnliche Inszenierung des norddeutschen Klassikers, die in keinem Bücherregal fehlen sollte!

Von den Fischer un siine Fru
56 Seiten, Hardcover, € 12,90 [D]
ISBN 978-3-944552-04-0

Die Deutsche Nationalbibliothek verzeichnet diese Publikation in der Deutschen Nationalbibliografie; detaillierte bibliografische Daten sind im Internet über http://dnb.dnb.de abrufbar.

IMPRESSUM

© Carl Ed. Schünemann KG, Bremen
www.schuenemann-verlag.de
1. Auflage 2021
Nachdruck sowie jede Form der elektronischen Nutzung
– auch auszugsweise – nur mit Genehmigung des Verlages.
Illustrationen: Julia Beutling
Redaktion: Caroline Simonis
Satz und Buchgestaltung: Karin Hannemann
Gesamtherstellung: Carl Schünemann Verlag
Printed in EU 2021 | ISBN 978-3-7961-1101-3

Besuchen Sie uns auch auf 📷 Instagram und ▮ Facebook!